Gabriele Wollenheit
Laubsägearbeiten
Windspiele

Gabriele Wollenheit

Laubsägearbeiten Windspiele

Für Garten, Balkon, Terrasse
Mit Vorlagenbogen

Augustus Verlag

Inhalt

Ein Wort zuvor

Laubsägen ist gar nicht schwer – mit dem passenden Material, dem richtigen Werkzeug und einem Buch wie diesem, das viele lustige Ideen, praxisorientierte Ratschläge und ausführliche Schritt-für-Schritt-Anleitungen bereit hält.

Ich bin sicher , daß es Ihnen schon beim Durchblättern in den Fingern juckt, das eine oder andere Motiv nachzuarbeiten. Auch mir hat die Erarbeitung dieses Buches, das Entwerfen der einzelnen Objekte und die Fertigstellung der wirbelnden, flatternden und sich im Wind drehenden Garten- und Balkonfiguren großen Spaß bereitet. Und da gerade Kinder riesige Freude an allem haben, was sich bewegt und dreht, sind speziell für sie einige ganz

leicht nachzuarbeitende Motive dabei (z.B. Molly-Mo, der Regenbogenfisch). Die meisten Dinge, die Sie zum Laubsägen benötigen, finden Sie in jedem Haushalt oder Bastelkeller. Und haben Sie erstmal das Prinzip der Konstruktion verstanden, lassen sich auch viele andere Vorlagen (z.B. aus meinem Buch »Tierische Laubsägearbeiten«, Augustus Verlag) ganz einfach zu Windspielen umfunktionieren.

Nun aber viel Spaß beim Basteln, Verschenken und Anschauen

Ihre
Gabriele Wollenheit und
Mondy, der Holzwurm

Madeira – auch mitten im Winter die ideale Umgebung, um Windspiele zu fotografieren. Fotograf Klaus Lipa bei der Arbeit.

5

Werkzeug und Material

Auch wenn Sie am liebsten gleich loslegen würden: Lesen Sie sich trotzdem erst alle folgenden Kapitel sorgfältig durch!
Jede gelungene Bastelarbeit setzt das Vorhandensein bestimmter Werkzeuge und Materialien voraus. Und nichts ist ärgerlicher, als mitten in der Arbeit aufhören zu müssen, weil irgendetwas fehlt.

Grundausstattung

So sollte Ihre Grundausstattung aussehen:

Laubsägebogen oder
Dekupiersäge,
Laubsägeblätter in verschiedenen Stärken,
Sägetischchen mit Schraubklemme,
Schleifpapier und Schmirgelschwamm
  (grob und fein),
Bleistift,
weiches Massivholz und wasserfest
  verleimtes Sperrholz,
Farben, Lacke und Lasuren,
Pinsel,
Wasserglas,
Lappen,
Schraubenzieher

Laubsäge oder Dekupiersäge?

Die Entscheidung darüber ist auch eine Kostenfrage. Der Laubsägebogen kostet komplett mit einem Satz Sägeblätter, einem Sägetischchen und der dazugehörenden Schraubzwinge ca. DM 25,-. Für eine Dekupiersäge müssen Sie dagegen mindestens DM 250,- bezahlen. An preiswerteren Modellen werden Sie nicht lange Freude haben. Um Ihnen die Kaufentscheidung zu erleichtern hier einige wichtige Informationen.

So arbeitet man mit der Laubsäge

Die Laubsäge wird mit Armkraft bewegt. Man führt den Laubsägebogen mit leichtem Druck auf und ab. Dabei ist darauf zu achten, daß das Sägeblatt nicht verkantet, da es sonst hakt und eventuell reißt. Bei Kurvenschnitten drehen Sie nicht die Säge, sondern die Holzplatte in die gewünschte Richtung.
Der Sägebogen wird immer vollkommen waagerecht, parallel zum Unterarm und seitlich vom Körper locker am Griff gehalten.
Mit einer Laubsäge können Sie ohne großen Aufwand, an fast jedem beliebigen Platz kostengünstig und stromunabhängig arbeiten. Selbst Kinder ab 6 Jahren haben keine großen

Grundausstattungen für Laubsägearbeiten gibt es recht preiswert als fertige Sets zu kaufen. Hier zwei Beispiele der Firmen Bonum und Junior

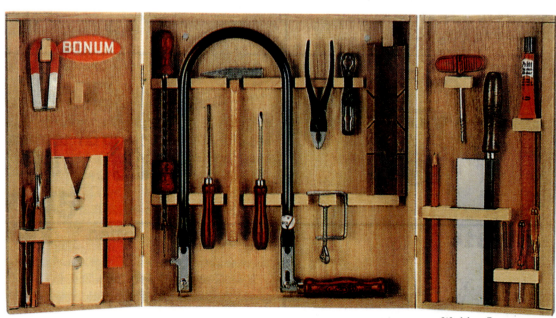

Werkfoto: Bonum

Schwierigkeiten, damit kleine Kunstwerke herzustellen.

Standard-Laubsägebögen benötigen Sägeblätter mit einer Länge von 130 mm. Diese sind abgepackt zu 12 Stück je Größe oder als Sortiment verschiedener Größen erhältlich. Kaufen Sie aber in jedem Fall Sägeblätter zur Holzbearbeitung, nicht für Metall.

Laubsägebögen sind normalerweise mit einfachen Flügelschrauben ausgestattet. Wenn Sie diese gegen Knebelspannschrauben austauschen, ist das Ein- und Ausspannen der Sägeblätter wesentlich leichter. Kinder schaffen es alleine kaum, die normalen Flügelschrauben zu öffnen und wieder anzuziehen.

Das bietet die Dekupiersäge

Die Dekupiersäge wird elektrisch betrieben. Je nach Modell und Ausstattung hat sie einen höhenverstellbaren Tisch, regelbare Motorleistung, zusätzliche Schleifteller, Absaugvorrichtungen für ein Sauggerät und Schnellspannvorrichtungen für das Sägeblatt.

Im Gegensatz zur Laubsäge wird hier das Holz leicht gegen das auf und ab arbeitende Sägeblatt geführt. Ganz ohne Kraftaufwand geht es jedoch auch bei der Dekupiersäge nicht: Die Holzplatte muß mit beiden Händen fest auf den Arbeitstisch gedrückt werden, um ein Vibrieren zu verhindern.

Einige Modelle benötigen die ganz normalen 130 mm-Laubsägeblätter, andere jedoch sogenannte Stiftsägeblätter. Selbstverständlich kann man mit einer guten Dekupiersäge auch dickeres Holz (bis ca. 50 mm) bearbeiten.

Sie kann jedoch nicht immer und überall benutzt werden, da sie mit Strom läuft und sehr viele Geräte fest an einen stabilen, standfesten Tisch geschraubt werden müssen. Kleine Kinder sollten unter keinen Umständen mit der Dekupiersäge arbeiten!

Holz ist nicht gleich Holz

Jedes Objekt in diesem Buch läßt sich nach Belieben in unterschiedlichen Holzstärken herstellen. Die Maßangaben bei den Werkstücken sind nur als Anhaltspunkt gedacht. Letztlich kommt es auf den Verwendungszweck und den geplanten Standort an. Lesen

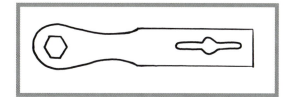

So sieht ein einfacher Flügelschraubenschlüssel aus.

Sie dazu auch das Kapitel »Welches Holz für welchen Zweck?« (siehe Seite 8).

Wenn Sie ausschließlich mit der Handlaubsäge arbeiten, sollte das Holz nicht mehr als 20 mm dick sein. Außerdem wählen Sie am besten ein Weichholz (z.B. Abachi) aus.

Zwischen Massivholz und Sperrholz bestehen einige wichtige Unterschiede. Leisten, Bretter, Rundstäbe usw. aus Massivholz werden in verschiedenen Formaten aus einem Baumstamm geschnitten. Die Baumart bestimmt die Härte des Holzes: Fichte und Kiefer sind weiche Hölzer, Eiche und Buche harte. Auch unsere einheimischen Obstbäume sind zur Weiterverarbeitung geeignet.

Verwenden Sie in jedem Fall gut durchgetrocknetes Holz, feuchtes Holz kann sich verziehen oder sogar reißen.

Sperrholz besteht, je nach Stärke, aus mehreren versetzt aufeinander geleimten Schichten. Wasserfest verleimtes Sperrholz läßt sich etwas schwerer sägen als normal verleimtes.

TIP

Kaufen Sie einen sogenannten Flügelschraubenschlüssel (siehe Abb. oben). Damit wird das Öffnen und Schließen zum Kinderspiel!

Dekupiersäge mit stufenlos regelbarer Motorleistung, Schleifscheibe und höhenverstellbarem Sägetisch.

So halten Sie den Sägebogen richtig.

Sägeblatt oben wieder einspannen, Innenteil heraussägen.

Generell können Sie unter verschiedenen Sorten wählen. Gabun, Ayous und Birke sind nur einige in einer großen Angebotspalette. Jede Sorte hat ihre eigene Maserung und Farbe. Gut geeignet sind auch Russische und Skandinavische Birke. Beide sind unter 1mm Stärke (0,8 mm) zu bekommen, sind sehr stabil und splitterfest.

Welches Holz für welchen Zweck?

Für Objekte, die ständig der Witterung ausgesetzt sind, eignet sich eigentlich nur Massivholz. Fichte und Abachi z.B. sind weiche Hölzer, die sich auch noch in einer Stärke von 20 mm mit der Laubsäge bearbeiten lassen. Orientieren Sie sich bei der Wahl von Holzart und -stärke am besten an der Säge, die Sie benutzen.

Die Breite einer ungeleimten Massivholzbohle kann nicht größer sein als der Durchmesser des Baumes zum Zeitpunkt des Fällens. Meistens sind das 30 bis 50 cm. Möchten Sie unbedingt ein größeres Stück herstellen, müssen Sie auf Leimholz zurückgreifen. Es ist jedoch nicht unter 18 mm Stärke erhältlich und außerdem sehr hart. Arbeiten Sie in diesem Fall mit der Stichsäge.

Zur Herstellung von Flügeln benötigen Sie nur wenige Millimeter dickes Material. Leider ist Massivholz unter 10 mm Stärke nur ganz, ganz selten erhältlich (in speziellen Sägewerken). Aus diesem Grund besorgen Sie sich am besten wasserfest verleimtes Sperrholz, Flugzeugsperrholz oder Skandinavische Birke. Unbedingt beachten: Bei Sperrholz, egal welcher Sorte, ist eine gründliche und sorgfältige Versiegelung mit wetterfestem Lack in jedem Fall notwendig!

Pinsel

Pinsel unterscheiden sich in ihrer Größe, Machart und den Haaren oder Borsten, aus denen sie hergestellt sind. Sie können hart, weich, dick, dünn, lang- oder kurzhaarig, flach, schräg zugeschnitten oder rund gearbeitet sein. Für jeden Zweck gibt es den passenden Pinsel. Ich bevorzuge Synthetikhaarpinsel, z.B. Toray oder Gold Sable. Bei guter Pflege halten sie wesentlich länger als Naturhaarpinsel.

Hier einige Regeln, die den oft teuren Pinseln eine längere Lebensdauer garantieren:

• Pinsel häufig auswaschen,
• nie lange im Wasser stehen lassen,
• nach Gebrauch ausschleudern,
• Spitze mit den Fingern leicht nachformen,
• mit den Haaren nach oben wegstellen.

Für größere Flächen und zum Grundieren können Sie ohne weiteres die preiswerten runden oder flachen Malerpinsel benutzen. Wenn Sie häufiger basteln und dafür auch Pinsel brauchen, sollten Sie sich ein Sortiment unterschiedlicher Pinsel zulegen – das garantiert Ihnen exakte Malergebnisse.

Hier noch einige Einkaufstips: Für lange, dünne Konturenlinien ist ein Liner Gr. 3 (= Pinsel mit besonders langen Haaren) am besten geeignet. Er zieht gleichmäßige Linien ohne Ansätze. Für eine exakte Randbemalung ist ein Flachpinsel, schräg zugeschnitten, am vorteilhaftesten.

Farben, Lacke und Lasuren

Die in diesem Buch vorgestellten Windspiele sind hauptsächlich für den Garten, Balkon oder für Hauseingänge gedacht. Sie sind also ständig wechselnden Witterungseinflüssen ausgesetzt, deshalb ist eine Bemalung mit wetterfesten Farben, Lacken und Lasuren unumgänglich. Sie haben die Wahl zwischen deckenden bunten Lacken, durchscheinenden farbigen Lasuren und frostfesten, wasserfest auftrocknenden Bastelfarben. Ob Sie matte, seidenmatte oder glänzende Farben und Lacke verwenden, richtet sich nach Ihrem persönlichen Geschmack. Ich verwende grundsätzlich nur wasserverdünnbare Acryl-Farben, Lacke und Lasuren, da sie viele Vorteile bieten: Sie sind umweltverträglich, setzen keine Dämpfe frei, lassen sich schnell und einfach mit Wasser aus dem Pinsel waschen, sind untereinander mischbar und oft preiswerter als lösungsmittelhaltige Farben.

Achten Sie bei Ihrem Einkauf in jedem Fall auf den Hinweis »Wetterfest« – unter allen Produkten mit diesem Kennzeichen können Sie frei wählen!

Was Sie außerdem noch brauchen

Wasserfesten Holzleim, Pattex oder Zweikomponentenkleber, Heißklebepistole (wenn vorhanden), Hand- oder Akkubohrer, Bleistift, Spitzer und Radiergummi, Schere, Lineal, Seitenschneider und Hammer.

Für das Übertragen der Vorlagen auf das Holz sind auch noch einige andere Hilfsmittel notwendig, siehe »Übertragen der Vorlagen«, Seite 10.

Wo kauft man was am besten ein?

Alles, was Sie zur Bearbeitung, Bemalung und Montage der Laubsägearbeiten brauchen, finden Sie in Baumärkten und Bastelgeschäften in großer Auswahl und zu meist günstigen Preisen. Sollten das eine oder andere Werkzeug/Material dort nicht erhältlich sein, helfen Ihnen auch Holzhandlungen und Werkzeugfachgeschäfte weiter. Augenstempel und Pinsel bekommen Sie im Bastelgeschäft (Augenstempel u. a. in Läden, die Materialien für Puppenmacher verkaufen).

Rubbelkleber ist im Fotofachhandel erhältlich, Graphitpapier und durchsichtige Folie im Schreibwarenladen oder Bastelgeschäft.

TIP

Lieber einen Pinsel weniger kaufen, dafür aber auf gute Qualität achten.

9

Techniken

Übertragen der Vorlagen

Es gibt mehrere Möglichkeiten, die Vorlagen auf das Holz zu übertragen.

Kopieren

Kopieren Sie die Originalvorlage und befestigen Sie die Kopie mit Rubbelkleber auf dem Holz. Nach dem Aussägen der Umrißlinien lassen sich Kopie und Klebereste problemlos abziehen. Eine besonders schnelle Methode!

Abpausen

Mit Transparentpapier pausen Sie alle Linien von der Vorlage ab. Legen Sie einen Bogen Graphitpapier auf das Holz, darüber das Transparentpapier mit dem abgepausten Motiv. Beides befestigen Sie mit Tesafilm. Zeichnen Sie jetzt mit leichtem Druck alle Linien nach. Keinen Strich vergessen? Dann entfernen Sie beide Bogen, das Motiv befindet sich nun auf dem Holz.

Herstellen einer Schablone

Bei dieser Methode bleibt die Vorlage unversehrt. Legen Sie ein Stück feste, durchsichtige Folie direkt auf die Vorlage. Zeichnen Sie das ganze Motiv mit einem wasserfesten Filzstift ab. Wenn Sie alles sauber ausgeschnitten haben, legen Sie die so entstandene Schablone auf das Holz und ziehen die Umrisse mit Bleistift nach. Innenlinien werden freihändig eingezeichnet oder mit Graphitpapier und einer leeren Kugelschreibermine durchgepaust. Schablonen lassen sich mehrfach verwenden.

Direktübertragung

Legen Sie zuerst einen Bogen Graphitpapier auf das Holz. Darauf kommt die Originalvorlage. Beides mit Klebstreifen befestigen, alle Linien nachzeichnen und Graphitpapier und Vorlage entfernen. Nachteil: Nach wenigen Übertragungen ist das Original nicht mehr zu gebrauchen.

Sägeblatt einspannen

Wenn Sie mit einer Dekupiersäge arbeiten, halten Sie sich bitte an die Bedienungsanleitung. Bei der Laubsäge lösen Sie zunächst die beiden Flügelmuttern. Legen Sie das Sägeblatt zuerst unten ein, und zwar so , daß die Sägezahnspitzen nach unten, also Richtung Griff zeigen. Ziehen Sie die untere Flügelmutter an. Jetzt drücken Sie den Bogen ein wenig zusammen. Gleichzeitig klemmen Sie das Sägeblatt in die obere Flügelmutter und ziehen sie gut an. Das Sägeblatt hat die richtige Spannung, wenn es »singt«, sobald Sie leicht daran zupfen. Nun können Sie das aufgezeichnete Motiv aussägen. Näheres zur Sägetechnik finden Sie im Kapitel »Laubsäge oder Dekupiersäge?« auf Seite 6.

Schleifen

Ohne eine sorgfältige Schleifarbeit ist keine saubere Bemalung möglich. Je nach Beschaffenheit und Art des Holzes wählen Sie die Körnung des Schleifpapiers aus: Grob – 80 bis 100, mittel – 120 bis 150, fein – 180 bis 220. Gut geeignet sind auch sogenannte Schmirgelschwämme, mit denen sich besonders Ecken, Kanten und Winkel vorzüglich bearbeiten lassen. Für größere Flächen können Sie selbstverständlich auch einen Band-, Schwing- oder Exzenterschleifer benutzen.
Geschliffen wird kreuz und quer zur Maserung. Der letzte Schliff (mit der feinsten Körnung) muß grundsätzlich im Faserverlauf ausgeführt werden.
Eine besonders glatte Oberfläche erzielen Sie durch wiederholtes Anfeuchten, Trocknenlassen und Schleifen des Holzes. Je öfter Sie diese Vorgänge wiederholen, desto weicher wird Ihr Werkstück.
Zum Schluß das Schleifen der Kanten nicht vergessen. Immer nur nach außen – in Richtung Sägekante – arbeiten. Andernfalls reißen Sie unweigerlich kleine Holzspäne mit hoch,

was zu Unebenheiten und riffeligen Kanten führt.

Bemalen

Wenn das Objekt geschmirgelt und ordentlich entstaubt ist, können Sie mit der Bemalung beginnen. Im Kapitel »Farben, Lacke und Lasuren« haben Sie bereits einiges über diese Materialien erfahren. Hier noch ein paar Hinweise zu ihrer Verarbeitung.

Lacke

Lacke werden – egal, ob matt oder glänzend – immer nur in einer dünnen Schicht aufgetragen. Ist diese gut durchgetrocknet, folgt der nächste Anstrich. Je nach Zusammensetzung des verwendeten Lackes sind 2 bis 3 Aufträge notwendig.

Lasuren

Sie geben dem Holz zwar Farbe, lassen aber die Maserung durchscheinen. Ein mit Lasur behandeltes Werkstück hat eine andere Wirkung als ein mit Farblack bemaltes.

Farben

Die farbliche Gestaltung bleibt allein Ihnen überlassen. Oft gilt aber: »Weniger ist mehr«. Treiben Sie es also nicht zu bunt.
Nicht immer müssen Farben, die aneinanderstoßen exakt voneinander getrennt sein. Malen Sie die Ansätze ruhig auch mal naß-in-naß (siehe unten). Benutzen Sie dabei aber nicht zu viel Wasser, sonst wären Kleckse und Schlieren das Ergebnis.
Wichtig: Bevor Sie die Teile zusammenbauen, müssen die Farben vollkommen getrocknet sein!

Naß-in-Naß-Technik

Ich empfehle Ihnen erst einige Versuche auf Reststücken, bevor Sie sich an das eigentliche Werkstück wagen. Feuchten Sie das Holz leicht an, das Wasser muß ganz einziehen. Sofort verschiedene Farben auftragen. Durch den feuchten Untergrund laufen die Farben ineinander und ergeben reizvolle Effekte.

Augen, Punkte, Kreise malen

Diese Formen sind eigentlich nicht schwer zu malen. Problematisch wird es erst, wenn man z.B. mehrere Kreise in genau der gleichen Größe herstellen möchte. Es gibt aber eine einfache Lösung: Im Bastelgeschäft gibt es »Augenstempel« für Puppen. Kaufen Sie das preiswerteste Sortiment. Geben Sie einige Tropfen Farbe auf ein Blatt Papier oder eine Mischpalette, tauchen Sie den Stempel senkrecht in die Farbe und stempeln Sie Punkte o. ä. auf das Holz.
Manchmal lassen sich dafür auch – zweckentfremdet – Kappen von Filzstiften, Reste von Rundhölzern oder Pinselstiele verwenden. Tauchen Sie den Stempel nie direkt in die Farbe – zu viel Farbe erzeugt leicht unsaubere Kleckse.

Innenlinien

Ist das Werkstück bemalt, ziehen Sie alle Kontur- bzw. Innenlinien mit einem dünnen schwarzen Pinselstrich nach. Dadurch erhält die Laubsägearbeit eine völlig andere Ausstrahlung.

Leimen und Kleben

Alle Holzteile, die der Luftfeuchtigkeit oder direkter Nässe ausgesetzt sind, müssen mit wasserfestem Kleber oder Holzleim geklebt werden. Die Teile sollten trocken und frei von Schmirgelstaub sein. Tragen Sie den Leim gleichmäßig auf und pressen Sie die zu verklebenden Teile mit Klemm- oder Schraubzwingen zusammen. Hervortretenden Klebstoff sofort entfernen. Um Abdrücke der Zwingen auf dem Holz zu vermeiden, legen Sie am besten ein dünnes Restholz zwischen Klemmbacke und Werkstück.
Eine haltbare Verklebung in Sekunden erhalten Sie mit der Heißklebepistole. Sie eignet sich aber nur zur Bearbeitung von kleineren Teilen. Bei größeren Flächen kann es passieren, daß einTeil des aufgebrachten Klebers bereits wieder zu erkalten beginnt und damit seine Klebekaft verliert, ehe Sie dazukommen, die Teile zu verleimen.

11

Grundbauweisen

Die meisten Windspiele in diesem Buch funktionieren nach den unten beschriebenen Bauweisen. Einige wenige sind ganz individuell zusammengesetzt – deren Aufbau wird dann in der jeweiligen Anleitung genau erklärt.

Objekte mit seitlichen Flügeln

Für diese Bauweise benötigen Sie ein Rundholz, eine Quadratleiste, zwei Schrauben mit abgesetztem Schaft, eventuell einige Unterlegscheiben und Sperrholz für die Flügel. Beim Anbringen der Achse haben Sie zwei Konstruktionsmöglichkeiten: Sägen Sie vom Rundholz, das als Zwischenstück zwischen Körper und Flügel fungiert, zwei gleich lange Stücke ab. Die Länge können Sie beliebig wählen, sie sollte nur zur Größe des Objekts passen. Es müssen in jedem Fall 1,5 cm sein, damit genügend Spielraum für die Flügel bleibt. Dort, wo die Flügel sitzen sollen, kleben Sie auf jeder Seite der Figur ein Rundholzstück an. Sie können aber auch an der für die Flügel vorgesehenen Stelle ein Loch in die Figur bohren. Der Durchmesser des Loches muß dem Durchmesser des Rundholzes entsprechen.
Das Rundholz wird durch das Loch geschoben und dann eingeleimt. Sägen Sie es so zurecht , daß auf jeder Seite mindestens 1,5 cm heraus-

So sieht ein Flügelrad aus. Die Löcher sind bereits gebohrt. Sie können Flügelräder mit unterschiedlich vielen Löchern bekommen.

schauen. Der weitere Zusammenbau gilt für beide oben erwähnte Möglichkeiten.
Trennen Sie von der Quadratleiste zwei gleich lange Stücke ab, je nach Motiv 2,5 cm oder mehr. In die Enden sägen Sie diagonal etwa 1 cm tiefe Schlitze. Die Breite der Schlitze entspricht der Dicke der Flügel, die in die Schlitze geleimt werden.
Zum Einsetzen der Schraube in die Quadratleiste ist eine Bohrung durch die Mitte der Leiste erforderlich. Falls sich der Flügel auf der Schraubenachse nach dem Eindrehen nicht frei bewegen sollte, schafft eine Unterlegscheibe zwischen Rundholz und Quadratleiste Abhilfe. Das Ganze wiederholen Sie auf der anderen Seite der Figur.
Ein Hinweis: Statt des Rundholzes können Sie auch eine Holzperle mit 14 mm Durchmesser benutzen. In diesem Fall drehen Sie die Schraube durch das Loch in der Perle und dann direkt in das Werkstück.

Motive mit Flatterbändern

Windspiele mit Flatterbändern sind auch von Kindern leicht nachzuarbeiten. Lediglich beim Löcherbohren muß ein Erwachsener Hilfestellung leisten. Es gibt zwei Möglichkeiten, die bunten Bänder anzubringen:
1. Bohren Sie in die noch unbemalte Figur so viele Löcher wie Sie Bänder haben möchten. Erst dann tragen Sie Lack oder Lasur auf. Dabei die Innseiten der gebohrten Löcher nicht vergessen! Nach dem Trocknen brauchen Sie nur noch die Bänder anzuknoten.
2. Statt der Bohrlöcher können Sie in die Sägekante mehrere Schraubösen eindrehen. In diesen Ösen werden dann die Bänder befestigt.

Windmühle

Wenn Sie das Windrad draußen befestigen möchten, sind Moosgummi oder fertig zugeschnittene farbige Kunststoffblätter (aus Kunststofffolie) geeignete Materialien. Außerdem

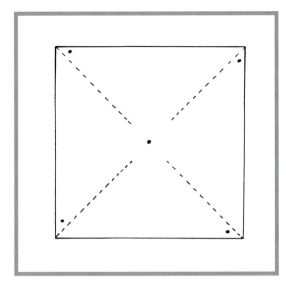

Die gestrichelte Linie zeigt Ihnen, wie Sie die Folie oder den Moosgummi für eine Windmühle einschneiden müssen. Die Punkte markieren die zu stechenden Löcher.

benötigen Sie ein Stück Messingdraht (Durchmesser 1,2 mm, 20 cm lang), zwei Holzperlen (Durchmesser 8 und 12 mm), ein Rundholz (6 bis 8 mm Durchmesser) und eine kleine Rundzange.
Und so wird's gemacht: Aus Moosgummi oder Folie schneiden Sie ein Quadrat in gewünschter Größe zu. Quadrat (siehe Zeichnung) diagonal einschneiden. Genau im Mittelpunkt mit einem spitzen Gegenstand ein kleines Loch stechen. Ebenso in jede Flügelspitze. Nehmen Sie den Draht zur Hand und biegen Sie die Spitze als Halterung für die Perlen um. Schieben Sie dann die 8 mm-Perle auf den Draht.
Aus Folie oder Moosgummi schneiden Sie einen kleinen Kreis aus (Mittelscheibe). Stechen Sie in die Mitte der Scheibe ein Loch und stecken Sie sie auf den Draht, direkt unter die Perle. Nun fädeln Sie nacheinander die Flügelspitzen und zum Schluß das Loch in der Mitte des Quadrats auf den Draht. Die dicke Perle aufstecken und den restlichen Draht einige Male fest um das Rundholz wickeln. Fertig ist das Windrad.

Konstruktionen mit Wetterpfeil

In diesem Fall soll sich das Motiv selbst um seine eigene Achse drehen. Verschiedene Konstruktionsmöglichkeiten stehen dafür zur Auswahl.
1. Ganz einfach und unkompliziert ist folgende Methode: Bohren Sie an der für die Haltestange vorgesehenen Stelle ein Loch von mindestens 3 cm Tiefe in Ihr Werkstück. Der Durchmesser des Lochs muß 1 bis 2 mm größer sein als der Durchmesser der Haltestange. Die Stange kann aus Holz oder Metall sein, Aluminium wäre ideal. Sie wird einfach in das Bohrloch gesteckt. Fertig! Einziger Nachteil: da die Reibung ziemlich groß ist, muß der Wind, der das Objekt bewegen soll, recht stark sein.
2. Sie machen alles wie eben beschrieben, schlagen jedoch in das gebohrte Loch einen Nagel mit einem im Durchmesser passenden, flachen glatten Kopf ein. Dadurch ist die Reibung geringer. Ein Haltestab aus Metall ist auch hier besser geeignet als ein Holzstab.
3. Diese Möglichkeit ist die aufwendigste, aber auch haltbarste. Die ersten Arbeitsgänge entsprechen den bereits erwähnten. Zusätzlich drücken Sie in das gebohrte Loch eine Messing- oder Aluhülse, die in Durchmesser und Länge der Größe des Lochs entspricht. Als Drehstange benutzen Sie einen Metallstab oder eine Stricknadel. (Reicht die Länge der Stricknadel nicht aus, bohren Sie ein Loch in eine Rundholzstange, knipsen die Spitze der Nadel ab und kleben das stumpfe Ende in das gebohrte Loch.) Jetzt noch einen Tropfen Öl in die Hülse und Ihr Windspiel läuft wie geschmiert. Die Metallhülse verhindert, daß das Holz aufquillt, was die Drehfähigkeit des Werkstücks beeinträchtigen würde. Bei den unter 1. und 2. genannten Bauweisen ist deshalb meist ein Nachbohren notwendig.
4. Abschließend noch eine sehr einfache Bauweise, die jedoch auch kostspieliger ist. Sie benötigen dafür nämlich einen massiven Stab und eine Röhre aus Messing bzw. Aluminium. Röhre und Stab müssen gleich lang sein. Wählen Sie den Durchmesser beider Teile so, daß der Stab in die Röhre paßt und noch ein wenig Spielraum hat. Verschließen Sie die

TIP

Noch bunter und lustiger sieht das Windrad aus, wenn Sie z.B. kleine gelbe Enten oder Mond und Sterne ausschneiden und auf die Flügelspitzen kleben. Die Mittelscheibe können Sie auch als Motiv, z.B. als Sonne, gestalten. Lassen Sie Ihrer Fantasie freien Lauf!

13

Röhre am Ende mit einem Stück Rundholz. Dadurch rutscht der Stab etwas höher und schaut aus der Röhre heraus. Bohren Sie in Ihr Windspiel ein Loch und kleben Sie den Stab darin fest. Gelegentlich einen Tropfen Öl an den Stab – das ist schon alles!

Windspiele mit Fähnchen

Wetterfahnen sollten möglichst jede noch so geringe Änderung der Windrichtung anzeigen. Deshalb müssen sie sich ganz leicht und ohne Reibungswiderstand in jede beliebige Richtung drehen können. Und das erreichen Sie so: Drehen Sie zwei Schraubösen, wie aus der Zeichnung ersichtlich, in die Fahne. Durch diese beiden Ösen schieben Sie eine Holz-, besser noch eine Metallstange. Um die Fahne am Herunterrutschen zu hindern, gibt es mehrere Lösungen. Die jeweils geeignete wird bei den einzelnen Objekten beschrieben.

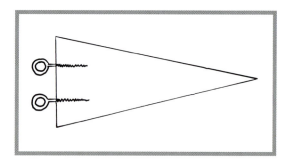

So werden die Schraubösen in die Fahne gedreht. Die Öffnung der Öse muß waagerecht stehen.

Propeller und Co.

Die Herstellung eines Propellers ist identisch mit dem Bau seitlicher Flügel. Ein Propeller ist nichts weiter als ein einziger Flügel.

Befestigung und Beweglichkeit der Windspiele sichern

Für die Fotoaufnahmen waren nicht alle Windspiele in der optimalen (und etwas kostspieligeren Art) auf Alu-Röhren montiert. Es empfiehlt sich aber, vor allem an windexponierten Standorten, alle nur auf Holzstäbe montierten Objekte in ein passendes Metallrohr zu stecken. Das stabilisiert sie und macht sie drehfähiger.
Dazu die Figur auf eine Unterlagscheibe-Holzperle-Unterlagscheibe-Kombination setzen, Sie stellt sich dann leichtgängig und richtig so in den Wind , daß besonders die großflächigen Figuren dem Wind keine seitliche Angriffsfläche mehr bieten.

Tips und Tricks bevor es losgeht

• Immer wiederkehrendes Zubehör wie Farbe, Pinsel, Kleber u.ä. sowie Materialien für Drehflügel, Wetterfahnen etc. werden nicht jedes Mal wieder aufgeführt, es sei denn bestimmte Produkte oder Maße machen diese Angaben erforderlich.

• Die Grundarbeiten wie Aufzeichnen, Sägen, Schmirgeln, Bemalen werden ebenfalls nicht immer angegeben.

• Sollten Propeller, Flügel u.a. nicht einwandfrei laufen, versuchen Sie es mit einer oder mehreren Unterlegscheiben. Meist ist das Problem damit behoben.

• Achten Sie darauf, daß Ihr Windspiel senkrecht steht. Schon eine leichte Schrägstellung kann Laufprobleme hervorrufen.

• Schrauben mit abgesetztem Schaft sind auch unter der Bezeichnung »Spanplattenschrauben« erhältlich. Aber Vorsicht: Nicht alle als Spanplattenschrauben bezeichnete Produkte haben den unbedingt erforderlichen Schaft!

• Bedingt durch die vielen unterschiedlichen Konstruktionsmöglichkeiten müssen Sie die Länge der Schrauben den von Ihnen verwendeten Materialien anpassen.

Lustig und bunt – im Wind geht es rund

Viele verschiedene Motive, alle mit wirbelnden
Flügeln ausgestattet, sind der ideale Einstieg in die Welt
der faszinierenden Windspiele!

Honigbienchen

Biene Maja wird von allen heißgeliebt. In eine bunte, blühende Sommerrabatte paßt sie ganz besonders gut. Balkonbesitzer können sie über den Blumenkästen fliegen lassen.

Das wird gebraucht

Holz, 20 mm dick
Holz, 2 bis 4 mm dick (für die Flügel)
2 Holzperlen, ⌀ 14 mm
1 Rundholz, ⌀ 6 mm, 70 cm lang
2 Schrauben mit Schaft
2 kleine schwarze Holzperlen
fester Draht, 6 cm

So wird's gemacht

Bohren Sie an der Stirn der Biene zwei kleine Löcher für den Draht, kleben Sie ihn ein und an die Enden je eine kleine Perle. Nachdem Sie die Flügel angebracht haben, bohren Sie entweder am Bauch der Biene ein Loch für den Haltestab oder hängen sie auf. Gehen Sie dafür wie beim »Zeppelin« beschrieben vor (siehe Seite 35).

Schnittmuster siehe
Vorlagenbogen Seite A

Blumengarten

Diese Blume erfordert genaues Arbeiten. Halten Sie sich unbedingt an die vorgegebenen Größen, sonst kann sich der Schmetterling unter Umständen nicht frei bewegen. Hier rotieren nämlich nicht nur die Flügel, der Falter dreht sich zusätzlich um die eigene Achse.

Das wird gebraucht

Holz, 20 mm dick
Holz, 2 bis 4 mm dick (für die Flügel)
1 Alustab, ⌀ 6 mm, 1 m lang
einige Perlen, ⌀ 6 mm
2 Drahtstücke, je 2 cm (als Fühler)
2 kleine Perlen (für die Fühler)

So wird's gemacht

Zuerst bauen Sie den Schmetterling wie unter »Objekte mit seitlichen Flügeln« (siehe Seite 12) beschrieben zusammen. Für die Fühler bohren Sie zwei kleine Löcher in den Kopf, stecken je ein Drahtstück hinein und kleben eine Perle ans Ende. Durch den Körper bohren Sie ein Loch von 6 mm von oben nach unten. Bohren Sie an einer beliebigen Stelle der Blume ebenfalls ein 6 mm großes Loch von außen nach innen. Genau gegenüber vom Bohrloch drücken Sie ein kleine Vertiefung in die innere Kante der Blume. Benutzen Sie dafür eine spitze Schere. Der Innenkreis der Blüte ist zu klein, um dort mit der Bohrmaschine arbeiten zu können. Stecken Sie jetzt den Alustab durch das gebohrte Loch, darauf einige Holzperlen (Menge ausprobieren), abschließend den Schmetterling. Das obere Ende des Stabes führen Sie in die Vertiefung. Wenn Sie sauber gearbeitet haben, müßten sich Schmetterling und Flügel drehen, ohne anzustoßen.

Schnittmuster siehe
Vorlagenbogen Seite A

Fridolin –
wo willst du hin?

Fridolin, oh Fridolin, wo willst du denn
so schnell bloß hin? Das wird sich mancher
fragen, der das rasant wirbelnde Würmchen
erblickt.

Das wird gebraucht

Holz, 20 mm dick
Holz, 2 bis 4 mm dick (für die Flügel)
2 Schrauben
2 Holzperlen, ⌀ 14 mm
1 Rundholz, ⌀ 6 mm, 50 cm lang

So wird's gemacht

Erledigen Sie die Grundarbeiten vom Ab-
pausen und Ausschneiden bis zum Anmalen.
Wie Sie die Flügel anbringen, steht unter
»Objekte mit seitlichen Flügeln« (Seite 12).
Zum Schluß den Haltestab einleimen.

Schnittmuster
siehe
Vorlagenbogen
Seite A

23

Munteres Mäuschen

Oh Schreck – dem Mäuschen läuft der Käse weg! So sehr es auch rennt, der Käse ist schneller. Ein turbulenter Spaß für die Kleinen!

Das wird gebraucht

Holz, 20 mm dick
Holz, 2 bis 4 mm dick (für die Flügel)
2 Schrauben
2 Holzperlen, ⌀ 14 mm
Lederband, 20 cm lang
1 Rundholz, ⌀ 6 mm, 50 cm lang

So wird's gemacht

Gehen Sie nach Abschluß der Grundarbeiten nach der Anleitung »Objekte mit seitlichen Flügeln« (siehe Seite 12) vor. Danach nur noch ein kleines Loch für den Mauseschwanz und ein Loch für den Haltestab bohren. Schwanz und Stab einleimen – schon ist das Mäuschen fertig.

Schnittmuster siehe Vorlagenbogen Seite A

Landgans Agathe

Agathe hat sich feingemacht für einen Ausflug in die Stadt. Sie will sich dort mit ihrem Verehrer, dem flotten Ganter Gustav, treffen.

Das wird gebraucht

Holz, 20 mm dick
Holz, 2 bis 4 mm dick (für die Flügel)
2 Perlen, ⌀ 24 mm
2 Schrauben mit Schaft
1 Rundholz, ⌀ 8 mm, beliebige Länge

So wird's gemacht

Erledigen Sie alle Vorarbeiten.
Gehen Sie dann genau wie beim »Papagei Caruso« (Seite 28) oder dem »Käfer namens Pünktchen« (Seite 26) vor. Bringen Sie den Haltestab an, und schon ist Agathe stadtfein.

Schnittmuster siehe
Vorlagenbogen Seite A

Ein Käfer namens »Pünktchen«

Pünktchen ist unendlich vielseitig. Mit dem Kopierer können Sie die Vorlage auf jede beliebige Größe bringen: Winzig klein in einen Blumentopf mit Frühlingsblumen gesteckt ist er ein niedliches Ostermitbringsel, riesengroß kann man ihn als Vogelscheuche in den Obstbaum hängen.

Das wird gebraucht

Holz, 20 mm dick
Holz, 2 bis 4 mm dick (für die Flügel)
2 Perlen, ⌀ 14 mm
2 Schrauben mit Schaft
1 Rundholz, ⌀ 6 mm, 50 cm lang

So wird's gemacht

Wenn Sie die Käferflügel angebracht haben, leimen Sie nur noch den Haltestab in das zuvor gebohrte Loch. Soll Pünktchen im Baum hängen, lesen Sie die Bauanleitung beim »Zeppelin« nach (siehe Seite 35).

Schnittmuster siehe
Vorlagenbogen Seite A

TIP

Basteln Sie den
Käfer für jeden
Gast beim Kinder-
geburtstag.
Malen Sie jeweils
unterschiedlich viele
Punkte darauf.
Die Zahl der Punkte
könnte beim
Spielen z.B. die
Reihenfolge der
Teilnehmer regeln
oder als Losnummer
bei Gewinnspielen
dienen.

Der Papagei Caruso

Mit diesem Motiv können Sie einen ganzen Vogelpark herstellen. Sie brauchen nur die Farben zu ändern und schon entsteht ein Kakadu, ein Graupapagei usw.

Das wird gebraucht

Holz, 20 mm dick
Holz, 2 bis 4 mm dick (für die Flügel)
2 Perlen, ⌀ 14 mm
2 Schrauben mit Schaft
1 Rundholz, ⌀ 6 mm, 80 cm lang

So wird's gemacht

Alle Grundarbeitsschritte ausführen und die Flügel wie auf Seite 12 beschrieben anbringen. Den Haltestab einleimen.

TIP

Basteln Sie drei bis fünf (oder auch mehr) Papageien und bauen Sie daraus ein Mobile. Achten Sie dabei auf genügend Abstand zwischen den Tragarmen. Die Vögel dürfen sich auch bei Wind keinesfalls berühren!

Schnittmuster siehe Vorlagenbogen Seite A

Der Hase ...

Alle kennen das Märchen vom Hasen und dem Igel. Auch hier liefern sich die beiden einen Wettstreit. Wer wird wohl diesmal schneller sein?

Das wird gebraucht

Holz, 20 mm dick
Holz, 2 bis 4 mm dick
  (für die Flügel)

Schnittmuster siehe Vorlagenbogen Seite A

2 Perlen, ⌀ 16 mm
2 Schrauben mit Schaft
1 Rundholz, ⌀ 10 mm, beliebige Länge

So wird's gemacht

Erledigen Sie die notwendigen Grundarbeiten (siehe »Objekte mit seitlichen Flügeln«, Seite 12). Den Hasen bemalen. Zum Schluß den Haltestab anbringen.

Ob der Igel es diesmal schaffen wird?
Ich habe da so meine Zweifel.

Das wird gebraucht

Holz, 20 mm dick
Holz, 2 bis 4 mm dick (für die Flügel)
2 Perlen, ⌀ 16 mm
2 Schrauben mit Schaft
1 Rundholz, ⌀ 10 mm, beliebige Länge

So wird's gemacht

Alle Arbeitsschritte sind identisch mit denen
zu »Der Papagei Caruso«, Seite 28.

Schnittmuster siehe
Vorlagenbogen Seite A

Propeller – einfach, aber wirkungsvoll

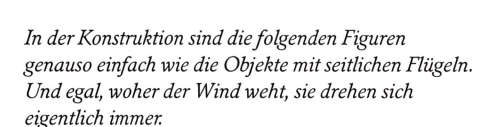

In der Konstruktion sind die folgenden Figuren genauso einfach wie die Objekte mit seitlichen Flügeln. Und egal, woher der Wind weht, sie drehen sich eigentlich immer.

Selten zu sehen –
ein Zeppelin

In meinen Kindertagen zog er am Himmel
oft seine Bahn, meist mit einem langen
Reklameband hinter sich. Heutzutage haben
viele Kinder noch nie einen Zeppelin gesehen.
Zeit wird's deshalb, daß er in Ihrem
Vorgarten landet!

Das wird gebraucht

Holz, 20 mm dick
Holz, 2 bis 4 mm dick (für den Propeller)
1 Rundholz, ⌀ 6 bis 8 mm, 50 cm lang
1 Holzperle oder Holzrad, ⌀ 14 mm
1 Schraube
1 kleiner Schraubhaken

So wird's gemacht

Bohren Sie in die obere Kante des Zeppelins,
passend zum Durchmesser des Rundholzes,
ein Loch. Leimen Sie das eine Ende des Rundstabes ein, in das andere Ende drehen Sie den
Schraubhaken. Den Propeller arbeiten Sie
wie im Kapitel »Objekte mit seitlichen Flügeln«
(Seite 12) beschrieben. Ruckzuck ist der
Zeppelin fertig und kann aufgehängt werden.

Schnittmuster siehe
Vorlagenbogen Seite B

Ein Pinguin lernt fliegen

Wer hat schon je einen Pinguin fliegen sehen?
Trotzdem: er sieht zu drollig aus, wie er da
stromlinienförmig mit seinem Propeller-
schwanz durch die Luft saust.
Vielleicht setzen Sie ihm ja sogar noch einen
Fluggast auf den Rücken?

Das wird gebraucht

Holz, 20 mm dick
Holz, 2 bis 4 mm dick (für den Propeller)
1 dicke Holzperle, ⌀ 18 mm
  oder 2 gewölbte Holzräder, ⌀ 18 mm
1 Schraube mit Schaft
1 Rundholz, ⌀ 8 mm, beliebige Länge

So wird's gemacht

Nach den Grundarbeiten kleben Sie beide
Flügel auf den Körper. Sobald der Leim
trocken ist, werden der Propeller und der
Haltestab angebracht. Schon kann der Pinguin
losfliegen!

Schnittmuster
siehe
Vorlagenbogen
Seite B

Kobra 1 – bitte melden!

Ein Hubschrauber – fast jedes Kind ist von diesem brummenden, senkrecht in die Luft steigenden Gefährt fasziniert. Die gegensätzliche Bewegung der beiden rotierenden Propeller zieht aber auch Erwachsene in ihren Bann.

Das wird gebraucht

Holz, 20 mm dick
Holz, 2 bis 4 mm dick (für Propeller)
1 Rundholz, Ø 8 mm, ca. 80 cm lang
2 Holzperlen oder -räder, Ø 15 mm
  und 12 mm
2 Schrauben mit Schaft
2 Holzperlen, Ø 14 mm

So wird's gemacht

Erledigen Sie alle Grundarbeiten und bringen Sie dann die Propeller an. Die Räder werden auf beiden Seiten vorne und hinten an den Hubschrauber geklebt. Vergessen Sie nicht das Loch für den Haltestab zu bohren und das Rundholz dort einzuleimen.

Schnittmuster siehe Vorlagenbogen Seite B

TIP

Stellen Sie Kobra 1 in einer Größe von 50 cm her. Kleben Sie an die beiden Dachrotorblätter je ein kleines Parfüm-Proberöhrchen (mit Heißkleber geht das besonders einfach). Die Öffnungen der Röhrchen sollten wenigstens 1 mm über den oberen Rand der Rotorblätter hinausragen. Sobald sich die Propeller drehen und der Wind im richtigen Winkel auf die Röhrchen-öffnungen trifft, ertönt ein Fluggeräusch.

Der flotte Ganter Gustav

Gutav hat heute ein Stelldichein mit Agathe, der Landgans. Leider ist er schon wieder viel zu spät dran. Er hat deshalb seinen Turbo-Wiesel-Rasant-Propeller-Motor angelegt. Damit muß er es einfach noch rechtzeitig schaffen. Schließlich hat er sich nur für Agathe dieses tolle Halstuch gekauft!

Das wird gebraucht

Holz, 20 mm dick
Holz, 4 mm dick (für den Propeller)
1 Rundholz, ⌀ 10 mm
1 Schraube mit abgesetztem Schaft
1 Holzrad, ⌀ 15 mm
1 Quadratleiste, 20 x 20 x 20 mm (Würfel)
Filzrest

So wird's gemacht

Erledigen Sie alle Grundarbeiten. Bevor Sie die Füße ankleben, bohren Sie ein 10 mm großes Loch in Gustavs Unterbauch. Dort wird der Haltestab festgeleimt. Aus einem Filzrest schneiden Sie sich ein Dreieck zurecht. Legen Sie dies dem eitlen Ganter um den Hals. Sägen Sie in jede Seite des Würfels eine Kerbe von 4 mm Breite. Dort leimen Sie jeweils einen Flügel ein. Legen Sie dafür den Würfel auf den Tisch. Achten Sie darauf , daß jeder Flügel mit seiner geraden Kante plan auf dem Tisch aufliegt.
Gut trocknen lassen. Durch den Mittelpunkt des Würfels ein Loch bohren und die Schraube hineindrehen. Anstatt der sonst üblichen Holzperle stecken Sie das Holzrad auf die Schraube. Die Schraube selbst wird direkt in Gustavs Hinterteil gedreht. Sie muß genügend Spiel haben. Der Propeller darf keinesfalls klemmen, sonst kommt Gustav doch noch zu spät!

Schnittmuster siehe Vorlagenbogen Seite B

Ein bißchen Wind weht überall

Windspiele mit Flatterbändern sind sehr einfach herzustellen. Sie eignen sich für kleinere Kinder besonders gut zum Nacharbeiten. Die Bänder bewegen sich schon beim kleinsten Windhauch und können an beinahe jedes Motiv angebracht werden.

Molly-Mo, der Regenbogenfisch

Molly-Mo ist der Liebling der Kinder. Ob laues Lüftchen oder kräftiger Wind – Molly-Mo ist immer in Bewegung und sogar bei absoluter Flaute ein echter »Hingucker«!

Das wird gebraucht

Schnittmuster
siehe
Vorlagenbogen
Seite B

Holz, 20 mm dick
1 Rundholz, ⌀ 8 mm,
*   ca. 1 m lang*
5 kleine Schraubösen
Geschenkband in verschiedenen
*   Farben, 8 bis 10 m*

So wird's gemacht

Bei Molly-Mo können Sie gut die Naß-in-Naß-Technik anwenden. Gesicht und Flossen dabei aussparen, sie werden einheitlich mit einem Farbton bemalt. Nach dem Trocknen Gesicht, Flossenlinien und Schuppen einzeichnen. In die Schwanzflosse die Schraubösen eindrehen und vor der Bauchflosse ein Loch für die Haltestange bohren. Das Band schneiden Sie in 80 bis 100 cm lange Stücke. Je zwei Bänder in die Schraubösen knoten. Jetzt noch den Haltestab einleimen, und schon kann Molly-Mo losschwimmen.

Eigentlich ist er nur ein ganz normaler Hahn. Aber sieht er nicht »paradiesisch« aus mit seinem tollen Schwanz? Nehmen Sie möglichst viele verschiedenfarbige Bänder – je bunter desto schöner sieht Ihr Vogel aus!

Das wird gebraucht

Holz, 20 mm dick
1 Rundholz, ⌀ 8 mm, 1 m lang
5 Schraubösen
verschiedenfarbiges Geschenkband,
  ca. 10 m

So wird's gemacht

Nach den Grundarbeiten drehen Sie die Ösen in den Schwanz, schneiden die Bänder zu und knoten sie ein. Den Haltestab einleimen, und schon ist der Hahn fertig!

Schnittmuster
siehe
Vorlagenbogen
Seite B

Hier wirbelt, flattert, dreht sich was

*Windwirbel, Wetterpfeile, Fahnen und Windmühlen,
sie alle »leben« vom Wind. Manchen genügt schon
eine leichte Brise, andere brauchen einen kräftigen Windstoß.
Doch interessant sehen sie alle aus!*

Friesenmühle

Jeder, der mit Begeisterung zeichnet oder malt, hat in der Friesenmühle das richtige Objekt gefunden. Trotz der vielen gemalten Details ist die Mühle leicht zu arbeiten. Am besten wirkt sie vor einer Hauswand, einer grünen Hecke o. ä. Sie wird deshalb nur einseitig bemalt.

Schnittmuster siehe
Vorlagenbogen Seite B

Schnittmuster siehe
Vorlagenbogen Seite B

Das wird gebraucht

Holz, 20 mm dick
1 Rundholz, ⌀ 6 bis 8 mm, 50 cm lang
1 Holzperle, ⌀ 14 mm
1 Schraube mit abgesetztem Schaft
1 Flügelrad für Pyramiden, ⌀ ca. 4 cm
1 Rundholz, in die Bohrungen des
  Flügelrades passend
fester Zwirn

So wird's gemacht

Teilen Sie das Rundholz in vier ca. 2,5 cm lange Stücke. Sägen Sie auf einer Stirnseite des zugesägten Rundholzes vorsichtig einen Schlitz von 1 cm Länge. In diesen Schlitz stecken Sie einen Flügel, geben ein wenig Kleber darauf und umwickeln beides für besseren Halt mit Zwirn. Fertigen Sie so auch die restlichen Flügel an.
Nehmen Sie das Flügelrad zur Hand und stecken Sie die vier Flügel in die bereits vorhandenen Löcher. Durch leichtes Drehen richten Sie die Flügelblätter aus. Das Rundholz mit einem Tropfen Kleber im Flügelrad fixieren. Auf die Schraube zuerst das fertige Flügelrad, dann die Perle stecken. Drehen Sie die Schraube nun so weit in das Dach der Mühle, daß die Windmühlenflügel frei laufen können. Jetzt noch das Loch für den Haltestab bohren, Rundholz einleimen, und schon geht's ab nach draußen!

Auf diesem Detailfoto sehen Sie, wie die Flügel mit Zwirn umwickelt wurden.

Ein bäriges Vergnügen

Teddies und Windmühlen – für Kinder ein Spaß hoch Zwei! Die Bemalung kann wesentlich einfacher gestaltet werden, ohne dem Teddy seinen Charme zu nehmen. Ein schnelles Mitbringsel, denn der Bär ist ruck-zuck gemacht.

Schnittmuster siehe Vorlagenbogen Seite B

Das wird gebraucht

Holz, 20 mm dick
Kunstoffolie, 15 x 15 cm
1 Perle, ⌀ 5 mm
1 Perle ⌀ 15 mm
Draht, ca. 5 cm lang

1 Rundholz, ⌀ 4 mm, 25 cm lang
1 Rundholz, ⌀ 8 bis 20 mm,
  beliebige Länge

So wird's gemacht

Der Abschnitt »Windmühlen« (siehe hierzu Seite 12/13) erklärt Ihnen genau, wie dieser Teddy bzw. sein Windrad nachgebaut werden kann. Leimen Sie zuletzt die Stange in Teddys Hand und den Haltestab unter seinen Bauch.

So eine niedliche Rückenansicht hat der Teddy, wenn Sie ihn nach Vorlage bemalen.

48

Leuchtturm

Sommer, Sonne, Urlaub, Meer – der Leuchtturm erinnert Sie an die schönste Zeit des Jahres. Und obendrein verrät er Ihnen immer, woher der Wind weht!

Das wird gebraucht

Holz, 20 mm dick
1 Rundholz, ⌀ 8 mm, ca. 40 cm lang
1 Messing- oder Alustange, ⌀ 4 mm,
* ca. 20 cm lang*
2 auf die Stange passende Schraubösen
4 Holzperlen

So wird's gemacht

In die untere Kante des Leuchtturms ein Loch von 8 mm Durchmeser bohren und den Haltestab einleimen. Die Dachkante bekommt ein Loch von 4 mm Durchmesser, in das die Fahnenstange geklebt wird. Drehen Sie die Schraubösen in die gerade Kante der Fahne. Stecken Sie jetzt zuerst drei Holzperlen, dann die Fahne und zum Schluß noch eine Perle auf die Metallstange. Fest in die Erde gesteckt zeigt Ihnen der Leuchtturm immer die genaue Windrichtung an.

Schnittmuster siehe
Vorlagenbogen Seite B

Wetterfahne

Wetterfahnen lassen sich überall aufstellen: Im Blumenkübel, auf der Terrasse, auf Zaunpfosten oder Garagendächern. Sie sind schnell gemacht, so daß Sie gleich mehrere Modelle anfertigen und an verschiedenen Plätzen anbringen können. Sie werden staunen, wie unterschiedlich der Wind sich in den veschiedenen Ecken Ihres Grundstücks verhält.

Das wird gebraucht

Holz, 20 mm dick
1 Alustab, Ø 6 mm, Länge wie Aluröhre
1 Aluröhre, Ø 8 mm, Länge wie Alustab
2 Schraubösen (Innendurchmesser paßt auf
*   Alustab, muß aber kleiner als Durchmesser*
*   der Aluröhre sein)*
1 dicke Holzkugel, Bohrloch Ø 8 mm
1 Metallsägeblatt für die Laubsäge

So wird's gemacht

Aluröhre ud Alustab werden ineinander gesteckt. Zuvor sägen Sie von der Röhre ca. 20 bis 30 cm ab. Um die Röhre am unteren Ende zu verschließen, stopfen Sie einen passenden Rundholzrest oder einen Korken hinein. Drehen Sie die Schraubösen in die Fahne. Ein bis zwei Unterlegscheiben auf den Alustab stecken, dann die Fahne mit den Ösen und zum Schluß die dicke Holzkugel. Schon ist die Wetterfahne fertig!

Schnittmuster
siehe
Vorlagenbogen
Seite B

Wenn das Huhn sich dreht beim Mist ...

... ändert sich das Wetter oder es bleibt wie's ist! Probieren Sie's aus!

Das wird gebraucht

Holz, 20 mm dick
Holz, 14 mm dick (für die Fügel)
3 Holzperlen, 14 mm
3 Schrauben
1 Metallstange, Ø 6 mm
1 Metallröhre, Ø 10 mm
1 Makrameeperle (zur Zierde)

So wird's gemacht

Flügel und Propeller bringen Sie an wie im entsprechenden Kapitel (siehe Seite 12 bzw. 14) erklärt. Dabei bleibt es Ihrem Geschmack überlassen, ob Sie beide Hühner mit Flügeln versehen oder nur eines. Wenn Sie die Röhre mit dem Rundholz verschlossen haben, schieben Sie die Stange hinein. In die Kante unterhalb des Freßnapfes bohren Sie ein 6 mm großes Loch. Dort kleben Sie den Metallstab ein. Na dann: Fröhliches Gegacker!

Schnittmuster siehe Vorlagenbogen Seite B

Drachenfest

Ein ganz einfaches Windspiel. Es kann auch von kleineren Kindern ausgesägt werden, da Unebenheiten hier kaum aufallen.

Das wird gebraucht

Holz, 20 mm dick
reißfester Faden, 1 m
Filzreste
1 Metallstab, ∅ 6 mm, 1m lang
1 Metallröhre, ∅ 10 mm, 1 m lang
1 Rundholzrest, ∅ 8 mm

So wird's gemacht

Wenn Sie alle Teile fertig bemalt haben, kleben Sie den Drachen auf die Wolke. An den reißfesten Faden knoten Sie in regelmäßigen Abständen Filzstreifen. Befestigen Sie den Schwanz am Drachen und bohren Sie ein 6 mm großes Loch in die untere Kante der Wolke. Verschließen Sie ein Ende der Metallröhre, schieben Sie den Stab hinein und stecken die fertige Wolke auf.

Schnittmuster
siehe
Vorlagenbogen
Seite A

54

Sie wirken wie ein Zauber. Ihr Blick läßt Sie nicht los. Bei starkem Wind erleben Sie außerdem ein magisches Spiel der Farben.

Das wird gebraucht

Holz, 20 mm dick
8 einseitig gewölbte Holzscheiben, ∅ 5 cm
80 cm Rundholz, ∅ 6 cm
1 Holzkugel, ∅ 4 bis 5 cm, ringsherum gelocht
* (8 Löcher)*
1 Alustange, ∅ 6 mm
1 Aluröhre, ∅ 10 mm
Rundholzrest, ∅ 8 mm

So wird's gemacht

Kleben Sie die gewölbten Holzscheiben genau mittig auf die ausgesägten großen Scheiben. Bohren Sie an beliebiger Stelle in die Kante jeder Scheibe ein Loch von 6 mm Durchmesser. Teilen Sie das Rundholz in vier gleichgroße Stücke. Je ein Ende dieser Stäbe leimen Sie in die Holzkugel (in jedes zweite Loch). An das andere Ende stecken Sie die große Holzscheibe. Verschließen Sie die Metallröhre mit dem Rundholzrest, schieben Sie die Alustange hinein und kleben die fertige Holzkugel auf die Stange. Und nun lassen Sie sich von der Magie der Augen verzaubern.

Schnittmuster siehe Vorlagenbogen Seite A

55

Herbstspaß

Egal, aus welcher Richtung der Wind auch weht, beim »Herbstspaß« bewegt sich immer etwas. Viel Freude beim Bauen.

Das wird gebraucht

Holz, 20 mm dick
Holz, 4 mm dick (für die Dreiecke)
1 Perle, Ø 4 mm
2 Perlen, Ø 10 mm
8 bis 10 Perlen, Ø 8 mm
1 Schaschlikspieß
1 Stricknadel Nr. 3
2 Stück Quadratleiste, 10 x 10 mm,
* 3,5 cm lang*
1 Rundholz, Ø 10 mm, 1 m lang
1 Schrauböse
Geschenkband, ca. 3 m
dünner Draht, 5 cm

So wird's gemacht

Basteln Sie zuerst die Windmühle (siehe Seite 12), verwenden Sie dafür den Draht, den Spieß, die ganz kleine und die beiden 10 mm-Perlen. Bohren Sie in die Hand der Figur ein Loch und bringen Sie die Mühle, wie auf dem Foto zu sehen, an. Rechts und links der Figur bohren Sie ein Loch mit 3 mm Durchmesser in die Oberkante des Pfeils. Teilen Sie mit einem Seitenschneider die Stricknadel in der Mitte durch. Stecken Sie je ein Teil mit der stumpfen Seite in die gebohrten Löcher. Auf jede Nadel kommen vier bis fünf Perlen. Im Mittelpunkt der beiden Quadratleisten bohren Sie jeweils von oben nach unten ein 4 mm großes Loch. An jede Seite der Leisten kleben Sie eines von den ausgesägten und bemalten Dreiecken, und zwar so , daß die lange Kante des Dreiecks bündig mit der Kante der Leiste abschließt. Wenn Sie alles richtig gemacht haben, ragen jetzt auf jeder Seite zwei Spitzen des Dreiecks ca. 1 cm über die Länge der Leiste hinaus. Geschafft? Dann stecken Sie die beiden fertigen »Spitzengebilde« auf die Stricknadeln. Jetzt noch am hinteren Ende des Pfeils eine Schrauböse eindrehen, die Bänder anknoten und den Haltestab einleimen. Nun fehlt nur noch eine kräftige Brise, und schon wird Ihre Mühe belohnt!

Schnittmuster siehe
Vorlagenbogen Seite A

Wirbelwind, Wirbelwind

Bei kräftigem Wind könnte man meinen, die Sonne dreht eine Pirouette. Die Wirkung wird noch verstärkt, wenn Sie die Stäbe der Wolken abwechselnd ein wenig schräg nach oben und nach unten einleimen. Dadurch entsteht beim Drehen optisch eine Wellenbewegung. Ich habe der Sonne vier verschiedene Gesichter gemalt. Das sieht lustig aus und wirkt immer anders.

Das wird gebraucht

Holz, 20 mm dick
Holz, 2 mm dick (für die Wolken)
1 Rundholz, ∅ 6 mm, ca. 60 cm lang
1 Metallstange, ∅ 6 mm, beliebig lang
1 Metallröhre, ∅ 10 mm, beliebig lang
2 Makrameeperlen (zur Zierde)
Rundholzrest, ∅ 8 mm

So wird's gemacht

Grundieren Sie die Sonne zuerst gelb, dann stecken Sie die beiden Teile (nach dem Trocknen) zusammen. Erst danach kann das Gesicht gemalt werden. Sägen Sie das 6 mm-Rundholz in vier gleiche Stücke und dann einen 2 mm breiten und 1 cm tiefen Schlitz in eine Stirnseite. In jeden Schlitz kleben Sie eine Wolke. Für das andere Ende des Rundstabes bohren Sie in vier Strahlen der Sonne je ein Loch von 6 mm Durchmesser und kleben die Rundholzenden dort ein. Stecken Sie die Metallstange und Röhre, wie beim Modell »Modern Art« (siehe Seite 60) beschrieben, zusammen. Nun müssen Sie nur noch in den untersten mittleren Sonnenstrahl ein Loch mit 6 mm Durchmesser bohren und die Sonne auf den Stab kleben.

58

Schnittmuster siehe
Vorlagenbogen Seite A

Modern Art

Dieses Windspiel eignet sich eher für einen architektonisch gestalteten, denn für einen urigen Bauerngarten. »Modern Art« läßt jedoch viel Spielraum für eigene Kreativität! Gestalten Sie die Flügel nach persönlichen Ideen. Wie wäre es z.B. mit im Halbrund aufgeklebten, einseitig gewölbten Holzscheiben oder bunten, ausgesägten Motiven?

Das wird gebraucht

1 Holzpfosten, 5,5 x 22, 5 cm
1 Holzkugel, ⌀ 5 cm
1 Holzkugel, ⌀ 4 cm
1 Metallstange, ⌀ 6 mm, 1m lang
1 Metallröhre, ⌀ 10 mm, 1 m lang
Rundholzreste, ⌀ je 6 mm und 8 mm,
* ca. 10 cm lang*
1 Makrameeperle, auf Metallstange passend
8 kleine Schrauben
Holz, 4 mm dick
evtl. einige Unterlegscheiben

So wird's gemacht

Bohren Sie zuerst ein 6 mm großes Loch genau in der Mitte unten in den Pfosten, 3 bis 4 cm tief. Das gleiche wiederholen Sie auf der Oberseite des Pfostens. Jetzt befestigen Sie die ausgesägten und bemalten Windflügel an allen vier Seiten des Pfostens. Benutzen Sie hierfür jeweils zwei Schrauben. In das obere, in den Pfosten gebohrte Loch, stecken Sie das 6 mm-Rundholz. Darauf kommt zuerst die große, dann die kleinere Kugel. Sollte noch ein Stück vom Rundholz aus der oberen Kugel herausschauen, sägen Sie es vorsichtig ab. Schieben Sie nun die Messingstange in die auf einer Seite mit dem Rundholzrest verschlossene Metallröhre. Auf die Stange stecken Sie die Makrameeperle und den Pfosten mit den angebrachten Windflügeln. Läuft alles, ohne zu schleifen? Wenn nicht, schieben Sie zusätzlich noch einige Unterlegscheiben auf die Stange.

Schnittmuster siehe
Vorlagenbogen Seite A

Ein Häusle fürs Meisje

Wie Sie sehen, muß nicht immer alles unbedingt bunt bemalt werden. Ein wetterfester Anstrich mit einem farblosen Lack ist aber in jedem Fall erforderlich!

Das wird gebraucht

Holz, 20 mm dick
Holz, 10 mm dick (für die Bodenplatte)
Holz, 4 mm dick (für die Vögel)
1 Rundholz, ⌀ 20 mm, 1 m lang
1 Stricknadel, ⌀ 5 mm
1 Kreuzschlitzschraube, 45 mm lang
1 Quadratleiste, 20 x 20 mm, 5 cm lang

So wird's gemacht

Zuerst bohren Sie im Mittelpunkt der runden Drehplatte ein 20 mm großes Loch. Danach kleben Sie alle vier Seitenteile an die Außenkante der Bodenplatte. Von dem 20 mm-Rundholz sägen Sie ein 10 cm langes Stück ab. Oben und unten bohren Sie ein Loch von 5 mm Durchmesser hinein. Legen Sie die Drehplatte auf einen festen Untergrund und schlagen Sie das Rundholz vorsichtig in das gebohrte Loch. Von der Stricknadel zwicken Sie eine Spitze von 4 cm Länge ab. Sie muß fest in das Loch im Rundholz (Drehplattenseite) eingeklebt werden. In das andere Loch kleben Sie den Rest der Stricknadel.
Jetzt drehen Sie die Schraube genau im Mittelpunkt durch die Bodenplatte und weiter bis in das abgesägte, lange Rundholzstück. Das Dach bekommt ebenfalls im Mittelpunkt ein Bohrloch von 6 mm Durchmesser. Stecken Sie die kurze Stricknadelspitze in das Kreuz der Schraube und schieben Sie das Loch im Dach über die lange Stricknadel. Richten Sie das Dach so aus, daß Nadel und Rundholz völlig senkrecht stehen. In dieser Position leimen Sie das Dach an die Oberkante der Seitenwände. In die Quadratleiste müssen Sie auf einer Stirnseite ein 5 mm großes Loch bohren und auf der anderen Seite einen diagonalen Schlitz von 4 mm Breite sägen. In das Loch kleben Sie die aus dem Dach ragende Stricknadel, in den Schlitz leimen Sie den Vogelflügel. Bei der Gestaltung der Drehplatte lassen Sie Ihrer Fantasie freien Lauf!

Ein Hinweis: Das Loch im Dach des Häuschens dient als Führung für die Drehachse. Um einen noch reibungsärmeren Lauf zu erreichen, können Sie eine in Länge und Durchmesser passende Metallhülse in das Loch schlagen.

TIP

Zur Winterfütterung hängen Sie ein paar Meisenknödel oder Nußstangen unter das Häuschen.

Schnittmuster siehe Vorlagenbogen Seite A

Die Deutsche Bibliothek - CIP-Einheitsaufnahme

**Laubsägearbeiten Windspiele für Garten,
Balkon, Terrasse** : mit Vorlagebogen /
Gabriele Wollenheit. - Augsburg:
Augustus-Verl., 1997
ISBN 3-8043-0511-3

*Nach getaner Arbeit. Fotograf und Assistent
hatten viel Spaß bei der Arbeit zu diesem Buch.
Sie wünschen Ihnen genauso viel Freude beim
Sägen, Basteln und Bemalen und vor allem an
den Windspielen in Aktion.*

Zum gleichen Themenkreis sind im Augustus
Verlag außerdem folgende Titel erschienen:

*Wollenheit: Tierische Laubsägearbeiten
Stieler/Wollenheit: Weihnachtliche
Laubsägearbeiten*

Die im Buch veröffentlichten Ratschläge wurden
von Verfasserin und Verlag sorgfältig erarbeitet
und geprüft. Eine Garantie kann dennoch nicht
übernommen werden. Ebenso ist die Haftung der
Verfasserin bzw. des Verlages und seiner Beauf-
tragten für Personen-, Sach- und Vermögens-
schäden ausgeschlossen.

Jede gewerbliche Nutzung der Arbeiten und Ent-
würfe ist nur mit Genehmigung von Verfasserin
und Verlag gestattet.

Bei der Verwendung im Unterricht und in Kursen
ist auf dieses Buch hinzuweisen.

Fotografie: Klaus Lipa, Augsburg
Lektorat: Andrea Müh
Umschlaggestaltung: Christa Manner, München
Layout: Bernd Walser, München

AUGUSTUS VERLAG AUGSBURG 1997
© Weltbild Verlag GmbH, Augsburg

Satz: Bernd Walser Buchproduktion, München
Reproduktion: Fotolito Veneta, S. Martino
Druck und Bindung: Appl, Wemding
Gedruckt auf 120 g umweltfreundlich elementar
chlorfrei gebleichtes Papier.

ISBN 3-8043-0511-3
Printed in Germany